www.ingramcontent.com/pod-product-compliance
Lightning Source LLC
LaVergne TN
LVHW041044150826
845672LV00001B/454

تمارين لقياس الوحدة

يونس الحيول

تمارين لقياس الوحدة

شعر

إصدارات دائرة الثقافة، حكومة الشارقة 2022 م

الناشر: دائرة الثقافة - حكومة الشارقة - الإمارات العربية المتحدة
الهاتف: 5123333 6 971+
البرّاق: 5123303 6 971+
الموقع الإليكتروني: www.sdc.gov.ae
البريد الإليكتروني: sdc@sdc.gov.ae

الطبعة الأولى 2022
تصميم الغلاف: زينب الملا

811.964
ح ي. ت
الحيول، يونس
تمارين لقياس الوحدة / يونس الحيول .-الشارقة، الإمارات العربية المتحدة : دائرة الثقافة، 2022.
124 ص؛ 21X14 سم.
1 – الشعر العربي – المغرب
2 – الشعر العربي – دواوين وقصائد
أ – العنوان.

ISBN: 978-9948-826-39-2

«في ذلك الذي لا يعرفه

عني الآخرون، تكمن حياتي»

بيتر هاندكه

شعرية العزلة

حين توّج بيت الشعر في المغرب، ديوان «الموت بكل خفة» للشاعر يونس الحيول، كان إعلاناً عن صوت شعري ينتمي إلى التجربة الشعرية الجديدة في المغرب، التجربة التي فتحت آفاقاً رحبة للقصيدة المغربية، ومتخيلها الشعري، وجددت دماء رؤاها للعالم والكتابة. الشاعر يونس الحيول (مواليد مدينة أسفي 1973م)، راكم تجربة شعرية في وقت قصير، ابتداء من ديوانه «الموت بكل خفة» 2009م، و«ترويض الندم» 2014م، و«رجل يقرأ طالعه» 2019م، والصادر عن منشورات بيت الشعر في المغرب.

قدرة الشاعر يونس الحيول على شعرنة تلك التفاصيل الآسرة للكينونة، في وعي حثيث لاستغوار شعرية الانكسار والألم. عالم الشاعر الهش، وهشاشة الكائن نفسه، هما أقانيم ما تفتحه قصائد الشاعر، والذي لا يكترث هنا، بالقضايا الكبرى، فقط ذاته وهي تبني وشائج شعرية العزلة، من خلال كوة القصيدة. إن جزءاً من اختيارات الشاعر، هنا في «تمارينه»، هي تذكيرنا بصوت الشاعر الداخلي وهو ينسج للعالم خيوطاً رفيعة من الخيبة.

في ديوان الشاعر يونس الحيول «تمارين لقياس الوحدة»، تتقاطع رغبة دار الشـعر بمراكش مع الشـاعر، في أن ينتصـروا معاً لإرادة الحياة وقيم الشـعر، أن تكون القصائد ترياقاً مزدوجاً للأمل، رغم ما تعتري أفق النصوص من «شخصنة» لجسارات الخيبات، إلا أن أفق الديوان وهو يتلمس ضـوء العابر والمنفلت من ثنايا الكينونة، يجعلنا نقف أمام وظيفة الشـاعر اليوم، ضمن سـياق التحـولات التي هزت العالم، في أن للشـعر قدرته على تجسـير الهوة بين الإنسـان وأسئلة الوجود.

في عوالم قصائد، هذه التمارين الشعرية، والتي لا نقيس من خلالها عزلة الذات، بل عزلة الإنسـان وهي تسـتقصي كينونة يقظة ومتقدة بشـحنة الـرؤى، وإرادة واعية في خلق نوع من التضـاد، إذ تتحول «السـعادة»، ومن بوابة معزوفة حزينة إلى جسـر لليقظة، أن نكون أمـام بداهة الحياة. أن نتفهم لمَ لا تحدث الأشـياء الجميلة، في راهنها اليوم، دون أن ينبهنا الشاعر إلى التباسات الزمن وسوء الطالع؛ لذلك، حين يؤشر الشـاعر إلى هذا الحزن العميق، وهو يتلبس ثنايا الصور والكلمات والدلالات، فهو في الأصل، شكل من أشكال التمرين، على قدرتنا على عزف مقطوعة سبكت بالكلمات كي نتمثل أفق الخلاص.

تسـتضيف دار الشعر بمراكش، ضمن هذا الديوان للشاعر يونس الحيول، والذي يصدر ضمن منشـورات دائرة الثقافة بالشارقة، ومن نافذة إبداعات عربية، تجربة إبداعية شـعرية متفردة لراهن قصيدتنا المغربيـة والعربية، تلك التجارب التي ترسـم، مـن خلال قصائدها، شكلاً للحياة بألوان الطيف.

وهــي إرادة واعية، لتمثــل تجربتنا الشــعرية الحديثة، من خلال خصوبة وغنى ما تمثله من رؤى وتجاربها في الكتابة الشعرية، دعوة للقراءة وتأمل وظيفة الشاعر ضمن نسيج اللامحتمل، بمعنى الوجود، وأيضاً نسق الخطاب الشعري، وهو ينسج اليوم استراتيجيته الخاصة، بحثاً عن القصيدة التي تسبر أغوار الكينونة، وإنسانية الإنسان.

دار الشعر بمراكش

2022م

عصفور على إفريز النافذة

يَتَحَدَّثُونَ عَن الحَرْب

فَتَخْرُجُ مِنْ بَيْنِ شِفَاهِهِمْ فُقَاعاتٌ سَوْدَاءُ

لِتَرْسُمَ فِي الفَرَاغِ خَنادِقَ وَدَبَّابَاتٍ

بَينَمَا كَلِمَاتُهُمْ تَئِزُّ سَرِيعاً فِي الصَّمْتِ

كَأَنَّهَا صَادِرَةٌ عَن رَشَّاشٍ آلِيّ

مَنْ كُلُّ هَؤُلاءِ الَّذِينَ يملؤون رَأْسَكَ بِالخُطَطِ
وَالتَّكْتِيكَاتِ العَسْكَرِيَّةِ
وَيَدعَسُونَ فِيهِ بِعَصَبِيَّةٍ أَعْقَابَ السَّجَائِرِ؟
فِيمَا أَنْتَ بِعُيونٍ حَالِمَةٍ تُقِيمُ فِي السَّهْو
وتُراقِبُ عُصفُوراً يُبَلِّلُهُ
المَطَرُ عَلَى إِفريزِ النَّافِذَة..

توقيت سيئ ليس إلا

لا وَقتَ لِلكَلِمَاتِ الزَّائِدَة

فَاتَكَ الأَوَانُ لِلتَّوّ

آخِرُ أَقرَاصِ الحَظِّ

وَزَّعَها غُرَباءُ عَلَى الأَرَامِلِ وَاليَتَامَى وَالمُتَسَوِّلِينَ وَالجُنُودِ

العَائِدِينَ مِنَ الجَبَهاتِ بِأَطْرافٍ مَبتُورَة..

تُرِيدُ أَنْ تَفعَلَ الشَّيءَ الصَّحِيحَ دَائِماً

لَكِنَّكَ ضَحِيَّةُ سُوءِ التَّوقِيت..

سَيَتَحَدَّثُونَ إِلَيكَ

بَعْدَ أَن أَثَرتَ استِياءَهُمْ بِسَهْوِكَ غيرِ اللَّائِق.

سَيَتَحَدَّثُونَ عَنْكَ

وَيُهَمهِمُونَ بِكَلِماتٍ يابِسَةٍ

عَن الرَّجُلِ الذِّي تَتَعَطَّلُ السَّاعَاتُ فِي يَدِهِ

وَيَفسُدُ الوَقْت...

لا تَخَفْ مِنْ أَعْيُنِهِم الكَبِيرَةِ..

فقَطْ أَرِيهِمْ الشَّفْرَةَ اللَّامِعَةَ

الَّتِي مَنَحَكَ إِيَّاهَا اللَّيلُ

وَالجُرحَ البَالِغَ فِي رُسْغِك...

سَيَترُكُونَكَ وَحُزنَكَ

وَيُغادِرُون

كُنتَ تُرِيدُ قُرْصاً

تَضَعُهُ تَحتَ لِسَانِكَ

رُبَّمَا يُزِيلُ مَرَارةَ الأَيَّامِ

أَو يَفْتَحُ حَوَاسكَ

فِي هَذا الغَبَشِ عَسَاكَ تُبصِرُ بِالأَلوَان

فَتَرَى إلى نَفسِكَ طِفْلاً

يَركُضُ إلى حُضْنِ أُمِّهِ

الَّتِي تَغِيمُ مَلامِحُها الآنَ

فِي بِلادٍ بَعِيدَة

الأَوَانُ ذَاتُهُ يَفُوتُكَ فِي المَحَطَّاتِ،

وَتَبقَى نَظَراتُكَ الأَسْيَانَةُ عَالِقَةً

فِي الوَدَاعِ

الَّذي صِرْتَ خَبِيراً بِلَوْعَتِهِ وَظِلالِهِ المَقِيتَةِ،

لِشِدَّةِ مَا لَوَّحْتَ لِلذَّاهِبينَ

الَّذِينَ كُلَّمَا رَحَلُوا

أَخَذُوا مَعَهُم

قِطعَةً

مِنْ قَلْبِكَ

كَتِذْكَار...

معزوفة حزينة من أجل السعادة

كنتُ أحتاجكِ

لكنَّكِ مثلَ غزالٍ جافلٍ لا يلتفِت

رَكضتِ في بريَّةِ الغيّاب

حتّى جَفَّت نظرتك

وكانت النّمور تشمُّ حيرتكِ في الظّلام

ثمّ حلُمتُ بكِ

فجئت لأُنجيكِ

وأدفعَ عنكِ الأذى

ما زلتُ أحتاجكِ

لذلكَ أنا هُنا

لأعيدَ الأُشياءَ إلى مكانها

الماءَ إلى نظرتك،

الوردةَ إلى المزهرية،

الضِّحكةَ إلى الألبوم،

كلمةَ الوداعِ إلى الرواياتِ الحزينة،

تكتكةَ الحبِّ إلى ساعةِ أيَّامنا.

سأُمسِّدُ خوفكِ

وأهمسُ في أُذنكِ الرَّجفانة

أنَّ الفهمَ

أجدى من المَغفرة

والشَّغفَ

اكتشافٌ متجدِّد للشَّريك

أنا هُنا

لأنزعَ الشَّوكَ

من باطنِ قدميكِ الرَّطبتين

وأطفئَ بدمعةٍ من قلبي

كلَّ هذا الحريق

هُنا

مثلَ راعٍ ينفخُ في نايِهِ

معزوفةً حزينةً

من أجلِ السَّعادة..

تمارين لقياس الوحدة

ماذا يُفيدُ هذا الآن؟

تَرفَعُ دُخَانَ سيجارَتِكَ عَالِياً

وَتُرسِلُ مَعَهُ نَظرَتكَ إلى السَّماءِ

طامِعاً فِي الغُفران

كُنتَ تُدرِكُ أَنَّ الكَلِمَاتِ أيضاً قاتِلَة

حِينَ زَمَمتَ شَفَتيكَ

وَاستَجْمَعتَ كُلَّ

الضِّغِينَةِ المُمكِنَةِ

ثُمَّ صَوَّبت

لَمْ تَكُنْ لَكمَةً

كَانَت رَصَاصَةً نَافذَةً مِن مُسَدَّسٍ

غَيرِ كَاتِمٍ للصَّوت

كَيفَ لَمْ يَرِفَّ لَكَ جَفنٌ

وَأنتَ تَخْتَارُ مِنطَقَةً حَسَّاسَةً

وَتضَغط عَلَى الزِّنَاد؟

أَنتَ ذَاهِبٌ إلى الأَلَمِ المَحتُوم

مَهما دَفَنتَ نَدَمَكَ في أَحضَانِ

نِسَاءٍ أُخرَيَات

سَتُحِسُّ خَطوَهَا فِي الرّواق

سَتَشُمُّ حُزنَهَا فِي المَلاءات

سَتَسمَعُ صَوتَها

كُلَّما شَغَّلتَ قُرصَ

المُوسِيقَى يُرَدِّد:

أَنا لا أُحِبُّكَ

وَلا أَكرَهُك..

الأشياء الجميلة لا تحدث دائماً

تريدينَ لهذهِ اللَّحظةِ ألَّا تنتهي

تريدينَ أن تُديمي التّفاصيلَ المخفيّةَ فيها

لكنّكِ لا تفعلينَ سوى أن تقدِّمي للوقتِ

مزيداً من الذَّخيرة

كي يُصوّب

تريدينَ أن تُعيدي سيرةَ الحبّ

لكنّكِ نسيتِ الحبكة

في اللَّيالي الصّاخبة

وغرفِ الفنادق

وما زلتِ لا تصدّقين

أنَّ الأشياءَ الجميلة لا تحدُث دائماً

وأنَّ ضِحكتكِ العالية مجرّدُ ذريعة

لتحاشي النّدم

أنت تتقدّمينَ

في اتّجاه أن تكوني وحيدة

ليس عليكِ غير أن تصفِّفي الذّكرياتِ الباردةَ

جنباً إلى جنب

وتكملي الملامحَ النّاقصةَ

ثمَّ انظري بعد ذلك إلى الصورة

في التئامها

توليفةٌ عجيبةٌ من الجمال الفتّاكِ

وسوءِ الطّالع:

حَياتك..

أريد أن أكون سعيداً

أريدُ أن أكونَ سعيداً

لكنّي لا أجدُ الوقتَ لذلك

فأنا أخرجُ للعمل في الغبَشِ

ولا أعودُ إلّا بعدَ أن يكونَ نِصفُ الخَلق نام

أعملُ كبغل قويِّ الشَّكيمة

ولا أَشْتَكي

غير أنِّي أريدُ نَصِيباً قليلاً منَ الفرح

قليلاً جدّاً

وهذا الفرحُ الّذي يدخُل من النَّافذة

غريب عنِّي

لعلَّها ضِحكة الجارة الخمسينيَّة

كركراتها الشَّبقة

الّتي يحملُها الهَواءُ إلى غُرفتي

أريدُ أن أكونَ سعيداً

ولكنِّي لا أستطيع،

فكلَّما هَمَمْتُ هاجَمتني ذِكرى أمِّي البعيدة،

وأبي الذي نخر قدميه البرد،

وإخوتي العاطلين عن الحياة...

كلَّما هَمَمْتُ

أتذكَّر فِراقَنا العنيف

هُجرانَكِ لي حتَّى قبل أن أحبَّك

وأشكرُ المطر الّذي رتَّبَت زخَّاتُه الفوضى

وجرفت أشلاءَ الكلماتِ البذيئةَ

إلى البالوعة..

حكمة النهر

أَينَ تَظُنُّ نَفسَكَ ذاهِباً بِهذِهِ الخِفَّةِ؟

في الحُقُولِ البَعِيدَةِ

أَلغَامٌ مَنْسِيَّةٌ

تُصِيخُ السَّمعَ إلى خُطوَاتِكَ العَجُولَةِ

وَتَبتَهِج

عُد أَدرَاجَكَ

وَأَنصِتْ إلى حِكمَةِ النَّهر

«بَعضُ الأُمُورِ لا تَعُودُ إلى طَبِيعَتِها أَبَداً»

وَلا ضَيْرَ فِي أَنْ تَبكِيَ

كَمَا يَليقُ بِطَريدَةٍ مُحَاصَرَةٍ

وَتَمُدَّ أَصَابِعَكَ الحَيرَانَةَ إلى دَاخِلِ صَدرِك

حَتَّى تَكْشطَ عَن قَلبِكَ

وَهْمَ الإِرادَةِ الحُرَّة..

أضرارٌ جانبيّةٌ للفقدان

كُنتُ وَحِيداً وَأَرْعَنَ

أَنشُدُ الدِّفءَ وَأَخْطُو مُعتَدّاً بِنَفسِي

حينَ ضَلَلتُ الطَّرِيق

وَدَخَلتُ مِنطَقَةً خَطِيرةً تسَيِّجُهَا

نَظرَتُكِ وَلَم أَنجُ

لِأَنَّكِ لَم تُعَلِّمينِي كَيْفَ أُحِبُّك

كَيفَ أَنتَقِي الكَلِمَاتِ المَحمُومَةَ

لِأَملَأَ الفَراغَ المُهْوِلَ بَيْنَ جَسَدَينا

الكَلِمَاتِ ذَاتَها

الَّتِي تُغرِقُنِي الآنَ فِي نَوبَاتٍ مُتَتَالِيَةٍ

مِنَ الضَحِك

كُلَّمَا هَاجَمَني شُعُورٌ شَدِيدٌ بِالبَرد

وَفَهِمتُ أَنَّ أَصوَاتَ الآهاتِ فِي رَأسِي

مُجَرَّدُ أَضرارٍ جَانِبِيَّةٍ لِلْفُقدَان..

نكذب مثل أي راشدَين

حين قلتِ «أحبّكَ»

لم تعني ذلك

حين قلتُ «وأنا أيضاً»

لم أعنِ ذلك

كنّا نكذبُ مثل أيِّ راشدَين

عارفين بالخبرة

أنَّ المشاعرَ الصَّافية تؤذي

وأنَّ الشّوك سينبتُ - لا محالة -

في المسافة القصيرة

بينَ الخفقة الأولى

والهجران..

ما أدراك؟

ما أدراكَ أنـهن أحببنكَ حقاً

النساءُ القليلات اللواتي عبرنَ حياتكَ؟

ليسَ عليكَ الآن أن تقلب حطبَ الذكريات

وتنوحَ على الفرصِ الضائعة

ليسَ عليكَ ذلكَ

فقط أنصت من شقوقِ عزلتكَ

إلى خرير الأيام ودعها - وئيدةً - تتهادى

إلى نهايتها المعلومة

واسأل نفسك أيها الموهوبُ

في إحداثِ الضررِ بأقل قدرٍ من الأفعال

اسألـها

كيفَ احتملنَ سهوكَ المقيم

وعاطفتكَ الباردةَ

هؤلاءِ النساءُ القليلاتُ اللواتي

عبرنَ حياتكَ؟..

بحَرَكَةٍ من يدكِ

قطعان كاملة من الوحشة

تعبر هذا الفراغ الذي بيني وبينكِ

محدثة غباراً يحجُب صورتكِ الوحيدةَ في ذاكرتي

وأنتِ تضحكين

......

الهواءُ ثقيل ومُشبَع برائحة الغيّاب

حتّى إنّ العصافيرَ بالكاد تتنفّس،

حادِسة قدوم الكارثة

الكارثة التي ما كانت لِتحدُث

لو كنتِ الآن على الكرسيّ الذي أمامي

تشربينَ قهوتكِ في هذا الصّباح البارد

وتهشّين بحركةٍ من يدكِ الصّغيرة

على قطعانِ الوحشة

كي تعود أدراجَها إلى أعماق الغابات،

لو كنتِ

على الكرسيّ تسقين أزهار الحبّ بكلماتكِ الرقراقة،

وبلمستكِ الحانية على يدي

تملئينَ الفراغ الشّاسع

الذي حفرته المسافة بيننا..

ثمة شيء خاطئ

ثمَّةَ شيء خاطئ في كلِّ هذهِ المسألة

ثمَّةَ هذا العمر الذي يتمدّدُ بيننا

كأنِّي أشيخ

في حين يجعلكِ الحبُّ نقيَّةً تتجدَّدين

ترقصينَ على هذه الموسيقى الصَّاخبة

بخفَّة فراشة

تذوبينَ في المَسَرَّة

بينما - بعيداً - يذهبُ بي السّهو

لأقيمَ في غابةٍ سوداءَ من الظُّنون

ودِدتُ لو تعرفينَ

الخوفَ الذي يشقُّ طريقَهُ إلى قلبي

عندما أفكّر في هذا العالمِ

الذي سيكفُّ عن الدَّهشة

حينَ تحينُ اللَّحظة التي سننظر فيها

إلى بعضِنا بعيون باردة

حينَ تصبح هناكَ أشياءُ قليلةٌ

يقولها أحدنا للآخر

ودِدتُ لو تعرفينَ

كيف ستصبح الأيَّام كلُّها خريفاً

حين سيتوقَّفُ صوتكِ المشروخ

عن قول صباح الخير..

لا أنهي أي شيء أبداً

لم أعد أمتلكُ الجنونَ اللّازم

ولا الجَسارة

لذلكَ لا أنهي أيّ شيء أبداً

مأساتي أنّي أرى الكمال في النّقصان

وكلّما بدأت أمراً ندمتُ وطالتني يدُ السّأَم

هكذا إذن وبحياد تامّ

سأتركُ

الحبَّ في مُنتصفِ العلاقة

الأملَ في مُنتصفِ الطريق

الضّوءَ في مُنتصف الغبش

وهذه القصيدةَ في سُطورِها الأولى.

...

شفاهنا اليابسة

شيئاً فَشيئاً يتوغَّلُ هذا الصّمت بيننا

ثمَّ يعلو مع الوقت

حتَّى إنَّنا كلَّما نطقنا كلمة

تتسلَّقُ المرتفعَ الشَّاهقَ ثمَّ تتدحرجُ

لاهثةً إلى شفاهِنا اليابسة

تتكلَّمينَ

غير أنّ ريحاً قارسة تهبُّ فجأة في الغرفة

وتجعلُ الحروف واهنةً ترتجف في حلقك

أجيبكِ

لكنَّ الصَّمت الطّويل جعل الأصواتَ

- بدل أن تخرج -

تندلق مُسنَّنةً إلى قلبي..

شمعدان وحيد على الطاولة

يُشبهكِ هذا الخريف

تُشبه وجهكِ هذه الأوراق الصَّفراء

الّتي تقلِّبها الرّيح،

حين لا تنامين جيِّداً

أو حينَ تعثرينَ في بريدي

على رسالة مشبوهة

لقد أسأتِ فهمي بالكامل

والآن - ويدي بعيدة -

ما الذي سيفعلهُ بكِ اللَّيل؟

وكيف ستعبرينَ الرِّواقَ البارد

إلى الشُّرفة

حيثُ يقعي كرسيَّا القَصَبِ واجمَين

وحيثُ الشَّمعدانُ وحيداً

على الطاولة يرتجف

منذُ أن ألحقنا ضرراً بالغاً بقلبينا

في سهرة البارحة؟

«طيّب» و«مختلف»

ترينَ أنِّي طيّب ومُختلف

أدخِّن كَثيراً

ويستبدُّ بي الدّمع

حينَ أتحدَّث عن الشّعراء الميِّتين

لِذلكَ تَجدينَني جاهزاً

لتبكي على كتِفي غزيراً

كُلّما خذلكِ نذل أو أوجعَ الحبُّ روحك

«طيّب»

أتقدّم نحوكِ خُطوة

فيتراجعُ قلبكِ خطوتين

«مُختلِف»

أصلحُ لتهُشّي بحماقاتي

على ضجَر الأيّام

أرى أنَّكِ جميلةٌ

وغيرُ مُختلفة

أُفسدُ مذاقَ قهوتكِ بهُرائي عن الشِّعر

وربَّما تضحكينَ في سرّك

حينَ تضبطينني - آثماً - أصوِّب

إلى حيثُ تُزهرُ الشّامة من فتحة قميصك

فترسلينَ نظرتكِ المُعاتبة

نظرتَكِ الّتي تلجم قطعان الذئاب

وتُعيدُ الغابةَ في عظامي إلى نومها

نظرتك الّتي أخاف أن أخدِشَها

نظرتك إليَّ بعينين نصفِ مغمضتين

أنا الطيّب المختلف..

أصابع العازف

العازف الّذي كان يَبكي

مع كلِّ لمسةٍ على الوتر

ويُبكي الأرواحَ

الّتي تُقيم علاقة مع الألم

منذ أمدٍ بعيد

فقط لو أهداني أصابعَهُ

أو تركها في قلبي

أمانة

لَكُنتُ وضعتها في أصيص

وسقيتها بدمع أيّامي

لَكُنتُ عزفتُ بها

على مقام النهاوند

رأفةً بالوحيداتِ

في وحشة الَّليل

وغسلتُ خيباتِهِنّ

لَكُنتُ مسحتُ بها الغُبارَ

عن نظرتِهِنَّ الكابية

أو هششتُ بها على السّأم

الّذي يقعي عند باب الغرفة

ويُحصي أنفاسهنّ

هذا العازفُ

الّذي تهاوت أحلامُهُ

من أعلى السّلم الموسيقي

منذُ قرأتُ نعيَه الباردَ وأنا أفكّر

ماذا تفعلُ يدهُ العطلانة الآن؟

ومن يجبرُ خاطرَ قيثارتِه المصلوبةِ

منذُ البارحة

جنبَ ساعةِ الحائط؟

كلمات معلقة في الهواء

المِزهَرِيَّةُ التَي أَلصَقتِ

أَجزَاءَها بِمَهارَةٍ

وَصَبرٍ طَويلٍ

لَم تَعُد تَدمَعُ كُلَّما سَقَيتِ وَردَاتِكِ

دَعوتُ أَن تُصلِحَ الأَيَّامُ قَلبِي

الذِّي كُلَّمَا تَسَرَّبَت إِلَيْهِ الذِّكرَيَات

تَقْطُرُ مِنهُ ضِحْكَتُك

لَكِنَّ الأَيَّامَ

لَم تَكُن صَبُورَةً

مِثْلَكِ

وَلَم تُكُن لَها أَنامِلُ قِدِّيسَة

أُصَفِّي ذِهنِي وَأُفَكِّر:

مـاذا أَفعَلُ بِهذِهِ التَّلوِيحَةِ

الجَذلانَةِ

حِينَ أَدَرتِ ظَهرَكِ؟

مـاذا أَفعَلُ بِكلِمَاتي

التِّي مَا زَالَت

مُعَلَّقَةً

فِي

الـهَواء؟

أبي

كَأنَّهُ أنا تَماماً

دَمعَتُهُ تَنْحَدِرُ مِن عَينَيَّ

ابتِسامَتُهُ تَتَشَقَّقُ عَلَى شَفَتَيَّ

خَطاءٌ بالفِطرَةِ

يَركَبُ العِنَاد

وَبِقَدَمٍ واحِدَةٍ يَقِفُ

في وَجهِ الرِّيحِ وَيَحلُم

مِثلَ طَائِرِ الفلامِينغو..

من هؤلاء يا بابا؟

هذه الرّيحُ التي تُعوِلُ في الخارِج

غضبُ أرواحٍ مَجروحة

زَمجَرة الّذينَ غابوا

فاكتفينا بوضع صوَرِهم على جُدران

الغرفِ الباردة،

ثُمَّ دَحرَجنا ملامِحَهُم إلى الغيّاب

هذا المطر دموعُهُم

حينَ لا نتذكَّرهُم إلّا عندما يرفَع الأَطفالُ

سبّاباتِهِم الصَّغيرةَ إلى الحائطِ ويسألون:

من هؤلاء يا بابا؟

صورتان لرجل واحد

(داخل الكادر)

هَلْ تُدرِكينَ ما أَعنِيه؟

أَنا مِنْ بُرجِ الدَّلو

لَكِنِّي قاسٍ وَبارِدٌ

أُنزِلُ العِقَابَ بِالحُبّ

وَمَشَاعِري تَبقَى فِي الدَّاخِل..

(خارج الكادر)

هَذِهِ الدُّمُوعُ الَّتِي تَنـهَمِرُ مِن عَينَيَّ

ليسَتْ دُمُوعِي..

أحبك يا كلمة «دبوس»

آهٍ كم أُحِبُّكِ

يا كَلِمَة «دَبُّوس»

كَم أُفَكِّرُ فِيكِ كُلّما وَخَزتني الأَيَّام

مُنذُ لَيالٍ طَويلةٍ

وأنا أَبحَثُ عن سَطرٍ دافئٍ

أَضَعُكِ فيهِ حَتَّى يَهدَأَ

طَنينُكِ في خَيالي

لكنَّ قَصَائِدي الحَافِيةَ

تَحْرَنُ

وتَصْفِقُ الباب..

بلا خطة احتياطية

طيلةَ الوقتِ أنا بمفردي

لكنِّي لستُ نادماً على هذه الوحدة

الّتي أتسكَّع في دُروبها على مهل

رافعاً عن نفسي حرَج الوصول متأخِّراً

أو متأخِّراً جدّاً كما العادة

أخطو في عزلتي الصافيّة

بلا خطّة احتياطيّة أو منفذٍ للطوارئ

ومع ذلكَ أمضي

طامعاً في علامة تنقشِع عنها الأيّام

أو يرميها شاعر ميّت في طريقي..

سمكة خارج الأكواريوم

ماذا ترك الآخرون؟

ماذا ترك الذين مرّوا من هنا قبلي؟

غير مخالبهم بعدما عقّموها

ضدّ النّسيان وغرزوها عميقاً

في لحم الكلمات

ماذا ترك العابرون

غير قلبها المتعب

الذي يرتجف كسمكة

قفزت للتوّ خارج الأكواريوم...

يا للمسافة...

يا لَلمسافةِ

الهائلةِ بيننا

أحدِّثكِ عن روحي البردانةِ

فتُغلقينَ النَّوافذ

تماماً كما يحدثُ

حين أشيرُ إلى نجمةٍ

حزينةٍ في السّماء

فتنظرينَ إلى أصبعي..

لا شيء يبدو كما هو عليه

أحتاجُ أن أقولها مرةً واحدةً

بصوتٍ عالٍ:

لم يعدْ لي الشغفُ نفسهُ

لم يعد سقفُ أحلامي عالياً

أتظاهرُ بالصلابةِ

وأقولُ أنَّ عزيمتي

من حديد

لكنْ لا شيءَ يبدو كما

هو عليه

الضوءُ يؤلم عينيَّ

الهواءُ يؤلمُ رئتيَّ

والأصواتُ الشجنةُ تفطرُ

قلبي

أنا قائدُ فيلقٍ مهزوم

وهذهِ الكلماتُ الباردةُ

جثثُ جنودي المتخاذلين

حلمتُ بالمجدِ

وحاربتُ في الأزمنةِ الصعبةِ

وغيرَ هذهِ الخيباتِ

لا نياشينَ تزينُ صدري

خبرتُ الألمَ

وجربتُ معنى إطلاقِ

النارِ في الظهر

لكني ما زلت واقفاً كفزاعة

كنتُ الذئبَ والحملَ..

النسرَ والأرنبَ..

الجلادَ والضحيةَ..

السكينَ والخاصرةَ..

الريحَ والقشةَ..

الماءَ والحصاةَ..

النارَ والرمادَ..

الجسارةَ والخوف..

كنتُ محارباً يفتقرُ إلى الموهبةِ..

يعوزني الخيالُ

وها إني بدلَ أن أتقدمَ في الدّغلِ

أو أطلب النجدةَ

أكتفي من خندقي البائسِ

بتلمسِ الرصاصةِ الأخيرةِ

في الماسورة..

أظنّهُ وقتاً مثالياً

أظنّهُ وقتاً مثالياً

لاختبار نوايا نفسي الأمّارة بالخطأ

اللّيل حالك والطريق مُلغّمة بالكامل

فَلأكْرَعْ كأساً أخرى في نخبِ الفرح

الّذي كلَّما قِستُ ثَوبهُ

وجدتهُ مخروماً وأوسعَ من قلبي،

ولأَخطُ إذن وأنا أحملُ بين جوانحي حظّي المترنّح،

فَلأَخطُ

مُشرعاً صدري للرّيح الباردة في هذا الهزيع،

رافعاً رأسي إلى الأعلى مثل أعمى ينتظر قراءة طالعه في النّجوم

ما الذي سيحدثُ في النّهاية وقدماي تتعمَّدان السّهو؟

ما الذي سيحدثُ وأنا لا أريد أن أنجو؟

كأنهم ذاهبون إلى نوم خفيف

أغمضوا أعينَهُم

كأنهم ذاهبون إلى نومٍ خفيفٍ

ولمْ يستيقظوا أبداً

أغبِطُهم

ذلك اليقينَ السعيدَ

بأنهمْ سينصرفونَ

في الصباح الموالي

إلى أشيائهم الصغيرةِ

خفةَ العبورِ

إلى صمتهم الكبير

غيرَ منشغلينَ بالألمِ الذي

سيخلفونهُ بعدهم

فهم لم يتهيؤوا كما يليقُ

بالموتى

لم تجتمعْ حولهم العائلةُ

لم يكتبوا وصايا

ولم يقرؤوا اللوعةَ

في عيون من يحبون..

أحلام على الحافة

كانَ بمقدوري أن أبقى

صامتاً فأنجو

لكني كنتُ مَزهُواً بذاتي

فصَدحتُ

وتَبِعَتني الجوقةُ الصغيرةُ

كَمَنْ تتبعهُ أحلامهُ إلى الحافة

فقدتُ غريزةَ الحذرِ

وتركتُ كُلَّ شيءٍ للصُّدفة

خطوتُ في وهادٍ مُلغمة

وها هي الهزيمةُ تقتفي أثري

ككلبٍ بوليسيّ مُجَرّبٍ

وتنبحُ من وراءِ الباب.

أبدية صغيرة

لو أغلقُ عليهِ قلبي

الذي يشبهُ قلعةً خربةً

ومهجورةً

وأتركهُ هناكَ وحيداً

يترددُ ليضيءَ شتاءَ حياتي

الطويل

لو لا يسمعهُ أحدٌ سواي

صوتكِ الرعوي

صوتكِ الذي يأتي من مَجَرّةٍ

بعيدةٍ

مُمسكاً بالفرشاةِ

ليرسمَ

أبديتي الصغيرة.

عزلة مجروحة

ليستْ لديكِ أدنى فكرةٍ

عمّا يقعُ

حياتي بسيطةٌ للغايةِ

وبلا إثارةٍ

أعاني من خللٍ وراثي

في أنزيماتِ الحب

وأنتِ بأحمرِ شفتيكِ

الحزين

تجرحينَ عُزلتي.

ليلةً بعدَ ليلة

ليلةً بعد ليلةٍ

أكتسبُ قدرةً هائلةً

على الشَّر

بِتُّ أوهمُ الأحلامَ أنِّي نِمتُ

وحينَ تُرفع السِّتارةُ

ويبدأ العرضُ في رأسي

أفتحُ عينَيَّ

على حينِ غرةٍ

فتفرُّ تاركةً ريشها

الأبيضَ منثوراً في الهواء.

معاجم كلها تعني «أحبك»

وَارِبي نافذةَ قلبكِ

نظرةٌ خاطفةٌ ستكونُ

كافيةً لِتَرَيْ

كم أنا مجردُ رجلٍ

حزين

أتعبهُ الصعودُ إليكِ

وتقوسَ ظهرهُ

تحتَ كيسٍ ثقيلٍ

فيهِ معاجمُ ولغاتٌ

وألسنةٌ عجيبةٌ

كلها تعني «أحبك».

مثلَ أيّ مرضٍ صامتٍ

ثمّ فجأة تركّزَت كلُّ الحواسّ في أنفي

وباتت تداهمني الرّوائح حتّى كدتُ أجنّ

بتُّ أشمُّ

رائحةَ الرّسائلِ قبلَ أن تصل

رائحةَ الوداع قبلَ أن تلوِّح يدٌ حزينة

رائحةَ الشّجن قبلَ أن ينوح النّاي

رائحةَ الخوفِ قبلَ أن تقَعَ العصافيرُ في الشّرَك

رائحةَ التّبغِ قبلَ أن تمتدّ يدٌ إلى الولّاعة

رائحةَ البارودِ قبلَ أن يقدحَ أحدهم الزّناد

رائحةَ النّصالِ قبلَ أن تُغرسَ في الظّهر

....

مثلَ أيّ مرضٍ صامت

لم تكن هناكَ أعراض في البداية

لذلك لم أكترث

والآن لشَدَّ ما تعذّبني الرّوائحُ

وتُمسكُني من تلابيبِ قلبي

والبارحةَ خرجت الأمورُ عن السّيطرة،

حينَ قعيتُ قرب جذع شجرةٍ

وطفقتُ أعوي،

حتّى أخذتني دوريّة للشّرطة،

لكنِّي لم أبُح بسِرّي،

فقط كنتُ ألتفتُ إلى منزلٍ قديم

تهبُّ منهُ - قويّةً وصافيّةً -

رائحةُ النّدمِ في خشَبِ الأبواب.

كانوا كلهم عابسين

في الحقيقةِ

كانوا كُلهم عابسين

عازفُ الكمانِ والشيخةُ

حتى المُغني ذو التسريحةِ

الغريبةِ وهو يتقنُ القفزَ

من أغنيةٍ إلى أخرى

كانَ حزيناً وشارداً

يُبدِّلُ النادلُ القرصَ

بآخرَ

على الأرجحِ يفعلُ ذلكَ

من البهو الكبير

حيثُ السكارى يرفعونَ

عقيرتهم بالرغبات

بينما في هذه الغرفةِ

نصفِ المظلمةِ. ذاتِ الطاولاتِ القليلةِ المحجوزةِ سلفاً للزبناءِ الأسخياء. الزبناءِ المحطمينَ. الغارقينَ في صمتِ خذلانهم. تنصتُ الجماعةُ بخنوعٍ لإملاءاتِ الأذواقِ النشازِ من خلفِ الجدار

ينصتونَ إليها مهزومينَ

ويتقبلونها كَقدرٍ تَفَتَّقَ عنهُ

هذا الهزيعُ الأخيرُ من الليل.

2022

أرفعُ بَصَري إليكِ

مساحيقُ وجهكِ مُبالغٌ فيها

وكَعبكِ عالٍ كناطحةِ

أحلام

لا شيءَ يُغري بالذهابِ إليكِ

فالأرقامُ باردةٌ ومتشابهة

لكني مصابٌ بمتلازمةِ

الأمل

لذلك سأدّعي أني سعيد

وأكملُ السهرةَ في انتظاركِ

سأصُبُّ لكِ كأساً مُضاعفاً

فقط لا تحتسيهِ جرعةً

واحدةً

فأيامي مُتَرَنِّحةٌ بما فيهِ

الكفاية.

الفهرس